Marko Simsa

Die Zauberflöte

Oper von
Wolfgang Amadeus Mozart

Bilder von Doris Eisenburger

ANNETTE BETZ

Viele Kinder, Eltern und Großeltern sitzen schon auf ihren Plätzen. Alle warten gespannt darauf, dass die Vorstellung im großen Opernhaus beginnt. »Die Zauberflöte« steht heute auf dem Spielplan! Der berühmte Komponist Wolfgang Amadeus Mozart hat vor über 200 Jahren die Musik zu dieser Oper komponiert, sein Freund Emanuel Schikaneder hat sich damals die Geschichte dazu ausgedacht.

Jetzt kann es wirklich nicht mehr lange dauern, bis es losgeht. Die wichtigsten Vorbereitungen sind abgeschlossen. Die Sängerinnen und Sänger wurden geschminkt, die meisten Mitwirkenden haben ihre Kostüme angezogen und hinter dem großen Vorhang ist das Bühnenbild fertig aufgebaut.

Im Orchestergraben sind die Musikerinnen und Musiker spielbereit. Die Instrumente wurden bereits gestimmt, alle warten nun auf den Dirigenten.

Als er kommt, gibt es großen Applaus. Der Dirigent geht zu seinem Podest, verbeugt sich tief vor dem Publikum, dann dreht er sich zum Orchester. Im Saal wird es mucksmäuschenstill. Die Aufführung beginnt.

Auf der Bühne wird aber noch nicht gesungen! Ja, sogar der Vorhang ist noch unten! Denn zuerst gibt es einen musikalischen Vorgeschmack auf die Geschichte, eine musikalische Einstimmung vom Orchester, die so genannte Ouvertüre.

Die Spannung steigt im ganzen Saal, immer mitreißender wird die Musik. 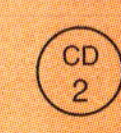 Dann geht die Ouvertüre zu Ende, der große Vorhang öffnet sich und …

... auf der Bühne irrt Prinz Tamino voller Schrecken durch den finsteren
Wald. Er hat sich verlaufen, das ist schon schlimm genug. Aber nun geht
auch noch ein Ungeheuer auf ihn los!
Da schreit der Prinz: »Zu Hilfe, zu Hilfe, sonst bin ich verloren!«
Natürlich muss Tamino seinen Hilferuf singen, weil wir ja in einer Oper sind!
Und weil die Geschichte so aufregend und spannend ist, muss natürlich auch
die Musik dazu richtig aufregend und spannend klingen!

Der arme Tamino bekommt solch einen Schreck vor dem Ungeheuer, dass
er in Ohnmacht fällt. Doch er hat großes Glück! Drei dunkel gekleidete
Damen retten ihn.
»Stirb, Ungeheuer!«, rufen sie und schießen ihre silbernen Pfeile.
Das Ungeheuer fällt zu Boden und ist besiegt.
Bezaubert von seiner Schönheit betrachten die drei Damen Prinz Tamino,
der noch immer ohnmächtig vor ihnen liegt.
»Ein holder Jüngling, sanft und schön!«, singt die erste.
»So schön wie ich noch nie gesehn!«, meint die zweite.
Und die dritte singt: »Ja, ja, gewiss, zum Malen schön!«
Unbedingt müssen sie ihrer Königin, der Königin der Nacht, von diesem
jungen Mann erzählen! Die Königin der Nacht weilt sehr zornig in ihrem
Reich. Denn der große Sonnenkönig Sarastro hat ihre Tochter Pamina
entführen lassen und hält sie auf seinem Schloss gefangen.
Vielleicht, so denken die drei Damen, könnte dieser schöne Jüngling die
entführte Pamina aus dem Schloss des Königs befreien!
Während die drei Damen davoneilen, um ihrer Königin zu berichten, und
während Tamino langsam erwacht, kommt ganz zufällig ein lustiger Kerl
daherspaziert …

Es ist der Vogelfänger Papageno. Ein fröhlicher Kerl in buntem Federgewand und mit einer Panflöte! Schon aus der Ferne sind seine Flötentöne zu hören.

Papagenos Panflöte ist nicht die Zauberflöte! Papageno spielt auf seiner Flöte, um die Vögel anzulocken. Er fängt sie ein und bringt sie der Königin der Nacht. Als Lohn schickt ihm die Königin dafür jeden Tag Wein, Zuckerbrot und süße Feigen.

Als Papageno zum ersten Mal auf die Bühne kommt, singt er sein Vogelfängerlied. Ein sehr bekanntes Lied, das viele Kinder im Publikum schon einmal gehört haben.

Der Vogelfänger bin ich ja, stets lustig, heißa, hoppsassa!
Ich Vogelfänger bin bekannt bei Alt und Jung im ganzen Land.
Weiß mit dem Locken umzugehn und mich aufs Pfeifen zu verstehn.
Drum kann ich froh und lustig sein, denn alle Vögel sind ja mein!

Der Vogelfänger bin ich ja, stets lustig, heißa, hoppsassa!
Ich Vogelfänger bin bekannt bei Alt und Jung im ganzen Land.
Ein Netz für Mädchen möchte ich, ich fing sie dutzendweis für mich!
Dann sperrte ich sie bei mir ein und alle Mädchen wären mein.

Wenn alle Mädchen wären mein, so tauschte ich brav Zucker ein.
Die, welche mir am liebsten wär, der gäb ich gleich den Zucker her.
Und küsste sie mich zärtlich dann, wär sie mein Weib und ich ihr Mann.
Sie schlief an meiner Seite ein, ich wiegte wie ein Kind sie ein.

Wegen des bunten Federschmucks will Tamino zuerst gar nicht glauben,
dass Papageno ein Mensch ist. Papageno wiederum erschrickt vor dem toten
Ungeheuer. Als ihn aber Tamino fragt, ob er das Ungeheuer besiegt habe,
deutet Papageno auf seine bloßen Hände.

»Du hast es erdrosselt?«, fragt Tamino. Er ist sehr beeindruckt.

»Erdrosselt!«, bestätigt Papageno. »Bin in meinem Leben nicht so stark
gewesen wie heute!«

»Papageno!«, schallt es gleich darauf grimmig aus dem Wald. Die drei
Damen der Königin sind zurück.

»Aha! Das geht mich an!«, sagt Papageno. »Hier übergebe ich meine Vögel
für die Königin!«

Die erste Dame sagt mit strengem Ton: »Heute schickt dir die Königin für
deine Vögel statt Wein nur reines, helles Wasser!«

Die zweite Dame sagt: »Statt Zuckerbrot bekommst du diesen Stein!«

»Was?«, ruft Papageno. »Steine soll ich fressen?«

»Und statt der süßen Feigen«, sagt die dritte Dame, »habe ich die Ehre,
dir dieses goldene Schloss vor den Mund zu hängen!«

»Hmm, hmm!«, macht Papageno. Jetzt kann er nicht mehr sprechen.
»Du willst vermutlich wissen, warum dich die Königin heute so bestraft?«,
fragt die erste Dame.
Papageno nickt.
»Damit du künftig nie mehr Fremde belügst!«, ruft die zweite Dame.
Alle drei wenden sich Tamino zu und erklären: »Wir waren es, Jüngling, die
dich befreiten!«
Sie überreichen Tamino das Bildnis eines wunderschönen Mädchens.
»Hier, dies Gemälde schickt dir die große Königin!«, spricht die dritte Dame.
»Es ist das Bildnis ihrer Tochter Pamina! Kannst du Pamina aus dem Schloss
von Sarastro befreien, so wirst du für immer glücklich sein!«
Tamino findet das Bildnis von Pamina so schön, so bezaubernd schön, dass er
ein bezaubernd schönes Lied über sie singt …

Auf der Stelle verliebt sich Tamino in Pamina, die wunderschöne Tochter der geheimnisvollen Königin der Nacht.

Die Königin der Nacht herrscht, wie ihr Name schon sagt, über die Dunkelheit und über die finstere Nacht. Es gibt einen guten Grund, warum sie so zornig ist: Ihr Mann war der König über die Sonne und das Licht. Als er starb, überließ er sein Reich nicht ihr, sondern König Sarastro. Und dann ließ Sarastro auch noch ihre Tochter entführen. Das war wirklich ein bisschen zu viel des Guten …

Bis jetzt hat noch nie ein Sterblicher die sternflammende Königin der Nacht zu Gesicht bekommen. Nun aber erscheint sie vor Tamino.

»Meine Tochter fehlt mir sehr!«, klagt sie und singt mit ihrer hohen Stimme zu Tamino: »Du wirst sie befreien gehen! Du wirst meiner Tochter Retter sein! Und werd ich dich als Sieger sehen, dann sei Pamina auf ewig dein!«

Papageno hat noch immer das Schloss vor dem Mund.

»Hm, hm, hm, hm!« ist das Einzige, was er singen kann.

»Ich bin zu schwach um dir zu helfen!«, bemitleidet ihn Tamino.

Da kommen die drei Damen der Königin zurück und nehmen Papageno
das Schloss ab.

»Die Königin erlässt die Strafe dir!«, singt die erste.

»Plaudere«, singt die zweite, »aber lüge nur nicht wieder!«

Und Pagageno ruft kleinlaut: »Ich lüge nimmermehr!«

Die drei Damen bekräftigen: »Dies Schloss soll deine Warnung sein!«

Als sich Papageno davonschleichen will, überbringen die Damen ihm den
Wunsch der Königin: Er soll Tamino auf der Suche nach Pamina begleiten!

Sie überreichen Tamino für seinen Weg eine Zauberflöte mit geheimnisvollen
Kräften. Papageno bekommt ein silbernes Glockenspiel.

Und außerdem werden drei Knaben sie auf ihrem Weg begleiten und
beschützen.

So machen sich Tamino und Papageno, ausgerüstet mit Zauberflöte und
Glockenspiel, auf den Weg zum Schloss des großen Sonnenkönigs Sarastro.

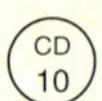

Auf Sarastros Schloss wird Pamina vom strengen Wärter Monostatos
bewacht. Nur, Monostatos nimmt seine Aufgabe allzu ernst. »Du feines
Täubchen, nur herein!«, singt er, zerrt sie auf die Bühne und legt ihr Fesseln
an.

Im selben Moment ist von hinten eine vertraute Stimme zu hören: »Wo bin
ich nur, wo mag ich sein?«, fragt sich Papageno neugierig und sieht sich um.
»Aha, da find ich Leute – gewagt, ich geh hinein!«

Während nämlich Tamino den richtigen Eingang zum Schloss von Sarastro
gesucht hat, ist Papageno einfach drauflosgelaufen und mitten im Schloss bei
Pamina gelandet. Der Wärter Monostatos erschrickt fürchterlich über diesen
vogelartigen Menschen. Und Papageno erschrickt fürchterlich über diesen
grimmigen Wärter.

Beide zittern und singen: »Das ist der Teufel sicherlich!«
Dann laufen sie vor lauter Angst davon.

Nachdem Papageno seinen Schrecken über-
wunden hat, schleicht er zu Pamina zurück.
Papageno befreit Pamina von den Fesseln
und erzählt ihr von einem schönen Prinzen,
der unterwegs ist um sie zu befreien.
Da wird Paminas Herz ganz weich und sie
verliebt sich in Tamino, ohne ihn je gesehen
zu haben.
Papageno aber wird sein Herz ganz schwer
vor Kummer. Denn wenn er es sich recht
überlegt, dann würde er sich auch so gern
verlieben. Am besten in eine Papagena!
Und so singen Pamina und Papageno in trau-
ter Einigkeit ein Duett über die Liebe …

15

Währenddessen sucht Tamino auf der anderen Seite des Schlosses nach dem
richtigen Weg zu Pamina. Er spielt seine wundersame Zauberflöte – vielleicht
kann sie ihn zu Pamina führen. Und siehe da, die Töne kommen wie von
selbst und der Klang seiner Flöte lässt sogar die Tiere des Waldes zutraulich
und zahm werden …
»Wie stark ist nicht dein Zauberton!«, singt Tamino voller Staunen über seine
Flöte. – Nur Pamina kann er nicht finden!
»Pamina! Pamina!«, ruft er. »Höre mich! Wo, ach, wo find ich dich?!«
Plötzlich hört er in der Ferne Papagenos Flötenspiel.
»Vielleicht hat er Pamina schon gesehen!«, ruft er und eilt davon um die
beiden zu finden.

Mit schnellen Füßen sind Papageno und Pamina auf der Suche nach Tamino.
»Fänden wir Tamino doch, sonst erwischen sie uns noch!«, singen sie und
laufen weiter. »Welch ein Glück, wenn ich ihn finde! Nur geschwinde, nur
geschwinde, nur geschwinde!«
Da stellt sich ihnen der strenge Wärter Monostatos mit seinen kräftigen
Wachen in den Weg.
»Ha! Hab ich euch noch erwischt!«, ruft er. »Nur herbei mit Stahl und Eisen,
wart', ich will euch Mores weisen! Nur herbei mit Band und Stricken!«
Und als er die beiden von seinen Männern in Ketten legen lassen will, hat
Papageno in letzter Sekunde die rettende Idee. Sein silbernes Glockenspiel!
»Komm, du schönes Glockenspiel!«, flüstert er. »Lass die Glöckchen klingen,
klingen, dass die Ohren ihnen singen!«
Er schlägt auf die Glöckchen und im selben Moment werden der grimmige
Monostatos und seine starken Männer ganz harmlos und richtig zahm.
Sie drehen sich anmutig tanzend im Kreis und singen im Chor:
»Das klinget so herrlich, das klinget so schön!
La-ra-la-la-la, la-ra-la-la-la!
Nie hab ich so etwas gehört und gesehn!
La-ra-la-la-la, la-ra-la-la-la!«

Jetzt aber kommt der große König über die Sonne und das Licht, der große
König Sarastro. Er wird von den Priestern aus seinem Sonnentempel begleitet.
König Sarastro bekommt für seinen Auftritt natürlich majestätische Musik
vom Orchester!
Und der Chor singt ihm jubelnd zu: »Es lebe Sarastro! Sarastro soll leben!«
Sarastro wendet sich nun an Pamina: »Nur zum Schutz vor deiner zornigen
Mutter halte ich dich hier auf meinem Schloss gefangen!«, erklärt er.
In diesem Augenblick bringt der strenge Monostatos mit seinen Wächtern
Tamino herein. Sie haben ihn in den Gängen des Schlosses erwischt.
Und da sehen sich Tamino und Pamina zum allerersten Mal.

Pamina singt: »Er ist's! Er ist's! Ich glaub es kaum!«

Tamino singt: »Sie ist's! Sie ist's! Es ist kein Traum!«

Sie fallen sich in die Arme! Doch Monostatos wirft sich dazwischen.

»Welch eine Dreistigkeit!«, ruft er. »Gleich auseinander, das geht zu weit!«

Doch König Sarastro spricht: »Tamino soll Pamina zur Frau bekommen und
Pamina Tamino zum Mann! Aber zuvor muss Tamino anstrengende und
gefährliche Prüfungen bestehen! Nur dann hat er es verdient, um die Hand
von Pamina anzuhalten.«

Er wendet sich an Papageno: »Auch du sollst dich den Prüfungen stellen!
Denn auch auf dich wartet am Ende eine Überraschung!«

Na ja, denkt Papageno, lieber bleibe ich ohne Überraschung und muss dafür
keine gefährlichen Prüfungen bestehen!

Doch Sarastro singt bereits mit seiner tiefen Stimme: »Führt diese beiden
Fremdlinge in unsern Prüfungstempel ein.«

Im Prüfungstempel ist es dunkel, es donnert und blitzt.

»Seid ihr bereit, die Liebe mit eurem Leben zu erkämpfen?«, erkundigen sich Sarastros Priester.

»Ja!«, bestätigt Tamino stolz. »Und Pamina sei mein Lohn!«

»Nein!«, ruft Papageno. »Ich glaub, ich hab jetzt schon ein kleines Fieber!«

»Wenn nun aber Sarastro dir eine Papagena zugedacht hätte?«, fragt einer der Priester.

»Eine Papagena?!«, sagt Papageno. »Na, die möchte ich aber aus bloßer Neugierde schon sehen!«

»Dann beginnt nun eure erste Prüfung!«, erklären Sarastros Priester. »Was immer auch passiert, ihr müsst eisern schweigen! Und wenn ihr auch Pamina oder Papagena seht, so dürft ihr doch kein Wort mit ihnen sprechen! Das ist der Anfang eurer Prüfungszeit!«

Für Prinz Tamino ist es kein großes Problem, nichts zu sagen. Denn er ist standhaft, kann schweigen und er würde sogar um Pamina kämpfen.

Bei Papageno ist das viel schwieriger: Er will nicht kämpfen, hat wahnsinnige Angst und vor allem: Er kann um nichts in der Welt den Mund halten. Ständig plappert er drauflos, wie es ihm gerade passt. Das wird nicht einfach für ihn werden …

Während Tamino und Papageno mit ihrer ersten großen Prüfung
beginnen, wartet Pamina mit großer Sehnsucht in ihrer Kammer.
Da erscheint mit einem Donnerschlag ihre Mutter, die Königin der
Nacht.

Pamina erzählt, wie sehr Tamino sie liebt. So groß ist seine Liebe zu
ihr, dass er sich sogar den schweren Prüfungen von Sarastro stellt.

»Wenn Tamino die Prüfungen besteht, dann gehört er zu Sarastros
Reich der Sonne und des Lichtes! Und auch du, meine Tochter, wärest
mir für immer entrissen!« Die Königin ist außer sich vor Wut.

»Siehst du dieses Messer!?«, ruft sie. »Du wirst Sarastro töten und mir sein
mächtiges Sonnenreich überliefern!«

Und dann singt sie wutentbrannt ihr Lied, eine Arie, so heißt solch ein Lied
in der Oper. Sie ist so wütend, dass sich ihre Stimme immer mehr steigert
und höher und lauter klingt. Denn die ganze Wut und die ganze Rache der
Hölle kocht in ihrem Herzen …

Pamina ist verzweifelt. Wie kann ihre Mutter nur so Schreckliches von
ihr verlangen? Sie liebt doch Tamino! Und sie wird Sarastro natürlich
nicht mit dem Messer erstechen.

Sarastro erfährt, was die Königin der Nacht geplant hat.

Zu Paminas Staunen ist er aber gar nicht besonders böse darüber.

Denn in seinem Reich, so singt jetzt er mit seiner tiefen Stimme
eine Arie, in seinen heiligen Hallen, da kenne man die Wut
und die Rache nicht.

Tamino und Papageno sind unterdessen noch immer mit ihrer Prüfung
beschäftigt. Tamino gelingt es ohne Probleme, nichts zu sprechen.
Nur Papageno, der quasselt und quasselt …
»Das ist ein lustiges Leben!«, sagt er schließlich zu sich selbst.
»Wär ich lieber daheim in meiner Strohhütte geblieben!«
»Psst!«, macht Tamino.
»Na mit mir selbst werd ich wohl sprechen dürfen!«, sagt Papageno.
»Psst!«, macht Tamino wieder.
Mit einem kräftigen Donnerschlag erscheinen die drei Knaben, die sie auf
ihrem Weg begleiten. Sie bringen einen schön gedeckten Tisch zur Stärkung.
»Esset und trinket froh davon!«, singen sie.
»Nur Mut!«, muntern sie Tamino auf. »Nahe ist dein Ziel!«
Papageno aber ermahnen sie: »Du Papageno – schweige still, still, still!«
Ach, wie kompliziert das alles ist! Aber Papageno lernt dazu. Denn als nun
Pamina kommt, kann er zum ersten Mal den Mund halten.
Auch Prinz Tamino darf kein Wort mit Pamina sprechen. Da glaubt Pamina,
der Prinz würde sie nicht mehr lieben. Sie wird sehr traurig und ist so
unglücklich, dass sie ein sehr trauriges Lied singt.

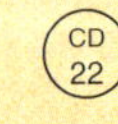

Wie verzweifelt ist Tamino, als er Pamina so traurig sieht. Doch muss er
eisern schweigen, wenn er sie zur Frau bekommen will. Das ist sehr tapfer
von ihm und bestimmt wird er am Ende auch königlich dafür belohnt
werden.

Papageno wird für sein Plappern zum Glück nicht bestraft, doch Sarastros
Männer sagen: »Es wird aber auch nie ein König aus dir werden!«

»Ach«, sagt Papageno, »das macht mir gar nichts aus! Wenn ich nur im Wald
meine Vögel fangen kann!«

»Hast du denn keinen großen Wunsch auf dieser Welt?«, fragen ihn Sarastros
Männer etwas verwundert.

»Nun ja«, sagt Papageno, »vielleicht – ein Gläschen Wein!«

Und als er mit dem Wein sogleich bedient wird, trinkt er einen Schluck, dann
denkt er ein bisschen nach – und da wird ihm ganz wunderlich ums Herz.

»Na ja«, sagt er, »ich hätte da schon noch einen Wunsch …«

Und er singt: »Ein Mädchen oder Weibchen wünscht Papageno sich! 
Oh, so ein sanftes Täubchen wär Seligkeit für mich!«

Ein Mädchen oder Weibchen hätte Papageno gern, eben seine Papagena.
Doch das wird noch ein bisschen dauern. Falls sich sein Wunsch überhaupt
erfüllen wird …
Pamina ist mittlerweile so verzweifelt, dass sie sich mit dem Messer ihrer
Mutter selbst töten will. Die drei Knaben können das große Unglück gerade
noch verhindern.
»Tamino hat nur deshalb nicht mit dir gesprochen«, erklären sie Pamina,
»weil er dich so sehr liebt! Er musste eisern schweigen, um die Prüfungen
zu bestehen!«

Sie führen Pamina zu Tamino in den Prüfungstempel. Denn die letzten
beiden Prüfungen müssen sie gemeinsam überwinden.
Hand in Hand schreiten sie über ein brütendes Feuerfeld!
Und sie gehen Arm in Arm durch stürmische Wasserfluten.
Zum Glück hat Tamino seine Zauberflöte, die ihnen bei diesen gefährlichen 
Prüfungen hilft! Und wahrscheinlich schaffen es Pamina und Tamino auch
deshalb, Feuer und Wasser zu überwinden, weil sie sich so sehr lieben …
»Triumph! Triumph!«, singt am Ende der Chor. »Kommt! Tretet in Sarastros
Königstempel ein!«

25

Nun, Pamina und Tamino haben es geschafft.

Aber Papageno, ach, jetzt bereut er es, dass er immer geplaudert hat und nie den Mund halten konnte. Denn nun wird er seine Papagena nie kriegen …

Da kann er sich ja gleich umbringen, denkt er. Am besten auf dem Baum dort! Er steckt den Kopf durch die Schlinge.

Jetzt muss er nur noch bis drei zählen …

»Eins! – Zwei! – Drei!«

»Halt ein!«, rufen gerade noch rechtzeitig die drei Knaben. »Oh, Papageno, sei klug! Man lebt doch nur einmal! So lasse deine Glöckchen klingen, das wird dein Weibchen zu dir bringen!«

Papageno schlägt sich mit der Hand auf den Kopf, holt sein Glockenspiel hervor und singt:

»Ich Narr vergaß der Zauberdinge!
Erklinge, Glockenspiel, erklinge!
Ich muss mein liebes Mädchen sehn!«

»Nun, Papageno, sieh dich um!«, rufen die drei Knaben.
Und das ist wirklich eine Riesenfreude für unseren Vogelfänger!
»Pa-Pa-Pa-Pa-Pa-Pa-Papagena!«, ruft er.
Und Papagena ruft: »Pa-Pa-Pa-Pa-Pa-Pa-Papageno!«
Papageno kann es gar nicht richtig glauben.
»Bist du mir nun ganz gegeben?«, fragt er Papagena.
»Nun bin ich dir ganz gegeben!«, antwortet sie freudestrahlend.
Und dann singen sie gemeinsam:
»Welche Freude wird das sein,
wenn die Götter uns bedenken,
unsrer Liebe Kinder schenken,
so liebe, kleine Kinderlein!«
»Erst einen kleinen Papageno!«, singt Papageno.
»Dann eine kleine Papagena!«, singt Papagena.
»Dann wieder einen Papageno!«
»Dann wieder eine Papagena!«
»Papageno!«
»Papagena!«
Und so geht der Jubel bis zum Ende ihres Liedes. Dann geben sie sich vor
lauter Freude einen Kuss und laufen von der Bühne.

Als es dunkel ist, will die Königin der Nacht in das Schloss eindringen, um
König Sarastro selbst zu erstechen. Da schmettert ein mächtiger Donner-
schlag herab und stürzt sie in die ewige Nacht zurück!
Auf der Bühne wird es heller und heller. Die Strahlen der Sonne vertreiben
die Nacht! Der große König Sarastro erscheint. Alle jubeln ihm zu und sind
zufrieden.
Tamino hat seine Pamina!
Und Papageno hat endlich seine Papagena!
Und weil am Ende alles so gut ausgegangen ist, singt er noch einmal sein
Vogelfängerlied. Alle Sängerinnen und Sänger singen mit. Und alle Kinder
und Erwachsenen aus dem Publikum dürfen jetzt auch kräftig mit Papageno
mitsingen.
Der Dirigent gibt den Einsatz und dann geht es los:
»Der Vogelfänger bin ich ja, stets lustig, heißa, hopsassa …«

Am Schluss gibt es großen Applaus vom Publikum. Die Sängerinnen und
Sänger verbeugen sich tief. Auch der Dirigent kommt auf die Bühne und
verbeugt sich. Er deutet den Orchestermusikern aufzustehen und da gibt es
für das Orchester großen Extraapplaus.

Die Opernaufführung ist zu Ende. Das Publikum verlässt den Saal.
Viele Kinder berichten ihren Eltern schon beim Hinausgehen, was ihnen
am besten gefallen hat.
»Der Vogelfänger mit seinem bunten Federkleid war lustig!«, sagt ein Kind
zu seiner Mutter.
»Am besten war, wie die strengen Wächter so komisch zum Glockenspiel
tanzen mussten!«, meint ein Kind auf der anderen Seite zu seinem Opa.
Und beim Ausgang staunt ein anderes Kind: »Toll, wie hoch die Königin der
Nacht singen kann!«
Tja, da wird es bestimmt noch viel zu erzählen und zu berichten geben.
Denn eines steht fest: Es war ein sehr aufregendes Opernerlebnis!